LES BATELIERS

DE

SAINT CLOUD,

OPERA COMIQUE

*De Monsieur F***.*

Le prix est de 24 sols.

A BRUXELLES.

M. DCC. XLIV.

ACTEURS.

COLETTE.

MATURINE.

CLITANDRE.

Me THOMAS.

THOMAS.

NICOLAS.

La Scêne eſt à S. Cloud.

LES BATELIERS
DE
SAINT CLOUD.

<hr>

SCENE PREMIERE.
MATURINE, COLETTE.
MATURINE.

Q U'AS-TU donc, Cousine, il sem-
ble que tu veuilles m'éviter.

COLETTE *d'un ton d'impatience.*

Tien, je t'avourai franchement
que j'attens queuqu'un.

MATURINE.

Dont la Compagnie te plaît mieux que la
mienne.

A ij

COLETTE.

Tu l'as deviné.

MATURINE.

Gramerci, ma Cousine.

COLETTE.

La tienne me fait plaisir aussi, mais dam, c'est bian differant.

MATURINE.

J'entens, c'est queuque Amoureux.

COLETTE.

Il ne faut pas encore que mon pere & ma mere sachent ça.

MATURINE.

Est-ce queuqu'un du Village ?

COLETTE.

Du Village, da ? C'est bian un Monsieur de Paris : Monsieur Clitandre.

AIR, *J'étois malade d'amour.*

Il est galant & fait au tour,
　A nul autre il ne cede ;
Il m'a dit, je perdrai le jour,
　Si je ne vous possede,
　Je suis, je suis malade d'amour,
　Apportez-y remede.

MATURINE.

Eh ! Quel remede demande-t'il ?

COLETTE.

Belle queftion , de m'époufer , & il veut
que ça fe faffe au plutôt.

MATURINE.

Prens-y garde , Colette , il y a comme ça des
poufeux fi preffés fi preffés d'époufer , qu'ils
ne fe donnont pas la patience d'attendre la çari-
nonie.

COLETTE.

Oh ! je n'ai rien à craindre de Mr Clitandre.

MATURINE.

AIR: *Daphnis le vit , Philis le vit,*

Eft-il bian çartain , Coufine ,
Qu'il veut te donner la foi ?

COLETTE.

Oui fans doute , Maturine ,
Il eft trop charmé de moi ;
D'abord que nous nous vîmes ,
Il s'attendrit , je m'attendris , & nous nous
attendrimes.

MATURINE.

C'eft aller bian vîte.

COLETTE.

AIR: *Mr. en verité vous avez bien de la bonté.*

Il me prit la main poliment,
Avec un air si tendre.

MATURINE.

Et tu le souffrois !

COLETTE.

Oui vraiment,
Je n'osois m'en défendre ;
Doit-on montrer de la fiarté
Aux gens qui nous font politesse ?
Quelle rudesse !

MATURINE.

Colette, en verité.
Vous avez bien de la bonté.

COLETTE.

AIR, *Ton petit vilain Mouton,*
Tout en jasant, tout en causant,
Il baise ma main doucement,
Si joliment, si drolement,
Puis il me la presse, ma Chere,
En me regardant tendrement,
Et moi, sans y panser, je serre
La sienne aussi.

MATURINE.

Coufine, tu fis mal.

COLETTE.

Moi ! je fis mal ? Tout au contraire,
Mais un plaifir fans égal.
Ça le rendit fi joyeux, qu'il me dérobit un
baifer.

MATURINE.

Et tu ne lui donnis pas tape.

COLELTE.

Eh pourquoi donc ? il ne me faifoit pas mal
non plus lui : Oh dam ! je ne fai pas rendre le
mal pour le bien.

MATURINE.

C'eft ce qui me paroît, Enfuite ?

COLETTE.

Oh enfuite, il me dit bien des jolies chofes,
me fit bien des fermens, quil n'en auroit jamais
d'autre que moi, & tout cela, pendant que ma
mere étoit occupée à voir tirer les fufées volan-
tes ; car pour moi j'étois fi troublée, fi troublée, que je ne voyois rien.

MATURINE.

Voyez ce que c'eft.

COLETTE.

Je nous féparimes, & il envoyit exprès à S.
Cloud, pour me rendre ce Billet...... Ah! je
l'ai perdu.

A iv

MATURINE.

Et ſi queuqu'un le trouve.

COLETTE.

Nia pas de riſque, il n'eſt ni mâle ni ſumelle,
écoute, je le ſai par cœur : ,, Faites choix d'un
,, endroit où je puiſſe vous parler ſans témoin,
,, le tumulte de la Fête nous favoriſera, j'ai bien
,, des choſes à vous dire, qui concernent notre
,, Amour : V'la tout.

AIR, *Nâge toujours & ne t'y fi' pas.*

Tu vois que ce Monſieur la,
M'aime pour le mariage,
C'eſt pour m'aſſurer cela,
Qu'il doit venir au Village.

MATURINE.

Vas, vas, vas toureloure, vas,
Nâge toujours & ne t'y fi' pas.

COLETTE.

Aprés tout, s'il m'attrapoit, je m'en apper-
ceverois bien, je ne ſis pas dupe.

AIR, *Bon tems dure long-tems.*

Je veux d'un ſur engagement,
Et qu'un Mari toujours Amant,
Ait pour moi de ces feux ardens,
Qui durent, durent long-tems.

MATURINE.

Pour plus de fureté , je ne te quitte pas, & je t'aiderai à découvrir fes fentimens.

COLETTE.

Et fi ça lui fait de la peine de te voir avec moi?

MATURINE.

Oh ! tampis pour lui ; mais à propos , que deviendra donc ce pauvre Nicolas ?

COLETTE.

Bon, ne voudrois-tu pas que j'époufiffe un fot ?

MATURINE.

Pardi , ce feroit autant de fait.

SCENE II.

NICOLAS , COLETTE , MATURINE.

NICOLAS *chante dans la Couliffe.*
Refrain.

AS-TU vû l'feu, Girofme, as-tu vû l'feu, Girofme , as-tu vû l'feu ?

COLETTE.

AIR , *Car je fuis tout embarelificorelicoté.*
Ah ! Maturine, te voilà !

Eloignons-nous vite.

NICOLAS *les arrêtant.*

Tout doucement, demeurez là,
   Colette m'évite,
   Quand je sis tout embarelisicorelicoté
De son merite,
   Quand je sis tout embarelisicorelicoté
De sa biauté.

MATURINE.

Oh! nous n'avons pa le tems de t'écouter.

COLETTE.

Laissez-moi, Nicolas.

NICOLAS.

AIR, *Entre vous, jeunes filles.*
Qu'avez-vous donc, Colette?
Vous m'avez l'air piqué.
Oh guai !
Suivez-nous, ma Poulette,
Je rirons, jarnigué.
Oh guai !
Nous irons nous promener tous deux,
Nous jouerons à de petits jeux.
C̦a, point de rigueur, mon petit Cœur.
Mettez-vous donc de belle humeur.
Palsangué, le jour d'aujourd'hui n'arive pas

tous les jours, il faut en profiter, pour se diver-
tir com'les autres.

A I R , *Je suis un bon Jardinier.*

Mais quoi ! vous parlez tout bas,
Et ne me répondez pas,
Pour vos biaux apas,
Vous savez   Helas !
Que l'amour me tourmente,
En voyant ce Minois si doux ,
Je le sens qui s'augmente pour vous,
Je le sens qui s'augmente.
Mam'selle Colette, dites-nous donc queuque
chose ?

C O L E T T E.

Que veux-tu que je te dise ?

M A T U R I N E.

Eh ! dis lui . . . . . qu'il s'en aille.

N I C O L A S.

Com'vous êtes rude au Monde [à COLETTE]
parguene , écoutez-nous ?

C O L E T T E.

Hebien ! parle, j'écoute.
AIR, *Quand je partis de la Rochelle, ma Lirette.*
Je viens comme un Alumette,
Vos yeux gresillent tout mon cœur ,
Ma Lirette ,

Pernez, piquié de mon ardeur.

❋

Quand je vous vois, belle Brunette,
Le feu fe prand à mon jabot,
　　Ma Lirette,
Vous m'enflamez comme un fagot.

❋

Dans la riviere je me jette,
Je me baignons vingt fois le jour,
　　Ma Lirette,
Sans éteindre le feu d'amour.

❋

Pour l'apaifer, chere Colette,
Faut la pompe de vos faveurs,
　　Ma Lirette;
Car fans vous, Belle, je me meurs.

COLLETTE.

Tu es tout feu, Nicolas : Adieu, adieu, y a
trop de rifque à t'aprocher.

MATURINE.

J'allons faire fonner le tocfin fur toï.

NICOLAS.

Attendez donc, Main'felie Colette, vous
ne vous en irez pas ftefois-ci, fans qu'vous m'a-
yez avoué dumoins que vous m'aimez.

COLETTE.

Me lairas-tu tranquille aprés ?

NICOLAS.

Je vous en donne ma parole.

COLETTE. (*en s'en allant.*)

Eh bian ! oui, je t'aime, au revoir : ah, ah, ah.

NICOLAS.

Jarnigué, queu plaifir, queu fatisfation, mais elle me fuit, Maturine.

MATURINE.

C'eft qu'elle t'aime, Nigaud.

SCENE III.

NICOLAS.

NICOLAS.

ALLE a raifon, Colette me fuit, c'eft bon feigne.

AIR, *Tomber dedans.*

Quand Jeane voit fon Amoureux,
La fine Mouche rit fous cape.
Li baille une taloche ou deux,
Tout auffitôt de li s'échape,
Et court au Grenier fe cacher,

Et le Galant va li charcher.

Va li charcher (*bis*)

Et le Galant va li charcher.

Morgué, c'eſt un Garçon d'eſprit, & je ſis
un ſot de ne pas aller charcher itou Colette.

SCENE IV.

CLITANDRE, NICOLAS.

CLITANDRE.

ENSEIGNEZ moi, mon Ami, la demeu-
re de Me Thomas, Marinier.

NICOLAS.

C'eſt là. Je ſommes à ſon ſarvice, ſi vous
voulez, j'allons l'avartir.

CLITANDRE.

Cela ne preſſe pas. C'eſt, dit-on, le Cocq
du Village, un homme riche, qui a une Fille
& une Niece aſſez aimable.

NICOLAS.

Ouais, ça m'a l'air d'un Dénicheux de Mar-
les, n'en voudroit-il pas à Colette ? Tirons-li fi-
nement les vars du nez (*haut*) he, he, he, not

Bourgeois , m'eſt avis que vous cherchez plûtôt les Poulettes que le Cocq.

CLITANDRE.

Ce Drole eſt curieux.

NICOLAS.

N'auriez-vous pas déja jetté v ot' plomb ſur
Colette , par hazard.

CLITANDRE.

(*à pàrt*) Diſſimulons- (*haut*) tu te trompes ,
mon Ami.

NICOLAS.

Hom .... c'eſt donc ſur Matureine : Ah ! je
le vois bien , vous rien. En ce cas , touchez-là,
je vous accorde ma protection.

CLITANDRE.

C'eſt trés-flateur.

NICOLAS.

C'eſt que j'aime Colette, moi, ſu vot' reſpect.

CLITANDRE.

Vous aimez Colette.

NICOLAS.

Ouï, & vous Maturine aparamant.

CLITANDRE.

Comme tu devines (*à part*) faiſons-le jaſer.

NICOLAS.

Je gagerois queuque choſe, qu'il y a long-
tems qu'vous vous aimez.

CLITANDRE.

Tu gagnerois.

NICOLAS.

Je sis charmé de l'avanture, par ainsi je nous aidrons comme Freres, & pargué, com'dit le Magister, *Asinus Asinum fricasse*, je vous rendrons sarvice auprés de Maturine, en tout bien & tout honneur s'entend, & vous maiderez itou à épouser Colette.

AIR, *Ventez-vous-en.*

Morgué, je meurs d'amour pour elle.

CLITANDRE.

Et sur le cœur de cette Belle,
Tu ne produis pas même effet.

NICOLAS.

Oh que si fait! (*bis*)
Le Mariage est presque fait.

CLITANDRE.

Pour moi, quelle triste nouvelle !

NICOLAS.

Jaurons Colette avant un an,
Ventez-vous-en.

Je n'attends pu que le consentement de son pere & de de sa Mere, & le sian, & pis c'est tarminé.

CLITANDRE.

CLITANDRE.

Ah ! je respire.

NICOLAS.

AIR, *Toujours, va qui danse.*

Si je ne fis pas gros Seigneur,
J'aimons de meilleur courage,
J'ons peu d'argent, mais par bonheur,
Je fis propre à l'ouvrage ;
Souvent avec ces talens là,
On a la parfaranse,
Eh ! la, la, la, la, la, la, la, la,
Et toujours va qui danse.

CLITANDRE.

Quelle preuve as-tu que Colette t'aime ?

NICOLAS.

Alle viant de me l'avouer toute à l'heure, en
riant comme une fole.

AIR, *Entrez, entrez petit Oiseau, ou j'ai fait
l'amour, c'est pour un autre.*

Je nous aimons, que c'est piquié,
Quand je li dis mon amiquié,
Sans m'écouter, alle s'esquive,
Mais c'est afin que je la suive.

CLITANDRE.

Et tu n'y manques pas,

B

NICOLAS.

Tout franc, je n'ose, farpedié, Maître Tho-
mas ne se contente pas d'être jaloux de sa femme, il ne veut pas non pu que sa Fille ni sa Niece parlont à personne, mais morgué, tampis pour
li, tamieux pour nous, n'y a que patience.

AIR, *Il réveille le Chat qui dort.*

Et malgré cet ordre févere.
Je ferons leux Epoux ;
Pour s'affurer de nous,
Alles feront.... laiffons les faire ;
Qui gêne une Fille, a grand tort,
Il réveille le Chat qui dort.

Il eft bon d'acorder par fois aux Filles queuques petites libartés, crainte qu'alles n'en pregnent de pu grandes.

CLITANDRE.

Tu raifones jufte.

NICOLAS.

AIR, *Des Routes du Monde.*

L'honneur dans un jeune Tendron ;
Eft morgué, fans comparaifon,
Comme un vin nouviau qui travaille,
Si l'on ne li baille un peu d'air,
Il fait écarter la futaille,
Et tout eft au diable, & fe perd.

CLITANDRE.

Ecoute, ne feroit-il pas à propos que je miſ-
ſe Colette dans ma confidence ?

NICOLAS.

C'eſt bien penſé, j'ons mis Matureine dans la
nôtre, & je trouvarons tous quatre queque ſtra-
tagême pour rompre les meſures du Daron.

CLITANDRE.

Fais-moi donc au plûtôt parler à Colette ?

NICOLAS.

Oh ! trés-évolonquier.

CLITANDRE.

Si mon Mariage réuſſit, tu peux être ſûr qu'elle en fera la premiere récompenſée.

NICOLAS.

Je vous en remarcie davance pour elle & pour
moi, tenez, la v'la, Matureine eſt avec elle.

SCENE V.

CLITANDRE, COLETTE, MATURINE NICOLAS.

COLETTE. *(à Maturine.)*

MA Cousine, v'la Monsieur Clitandre.

NICOLAS.

Approchez, Matureine, c'est vot' Amoureux.

MATURINE.

Mon Amoureux !

NICOLAS.

Et ouï, à quoi bon faire la Misterieuse ? je sça-
vons tout, y a long-tems qu'ous vous connoissez
(à Clitandre) Cousin allez li parler pu loin, à
cause.....

COLETTE.

Qu'est-ce à dire ? je ne souffrirai point qu..
aille avec elle.

CLITANDRE.

Ne vous allarmez point, belle Colette, vous
ne nous quitterez pas.

NICOLAS.

Sans doute il a queuque chose à vous dire,
Mam'selle Colette, éloignez-vous au plus vîte.

allez-vous entretenir tous trois dans mon Ba-
chot, pendant que je ferons ici sentinelle pour
vous, dénichez.

(Quand ils sont partis.)

Sarpedié, je fis un fin Marle, com'je l'ai là
tiré son secret en douceur : V'la la porte de
cheux nous qui s'ouvre, ha, ha ! qu'est-ce que
c'est que ste figure-là ?

SCENE VI.

NICOLAS, THOMAS *en Femme.*

THOMAS.

AIR, *Du pain, de l'eau, elle vit.*

J'Ai la plus mechante Femme,
 Dont se soit chargé Mari ;
Alle veut, comme eune Dame,
Le ragoût d'un Favori :
Il faut enfin que j'éclate,
J'allons la suivre par tout ;
Tu veux me trahir, Ingrate ;
Tu n'en viendras pas àbout.

NICOLAS.

Quoi ! c'est vous, not' Maître, he, he, he,
comme vous v'la fait ?

Thomas.

Air, *Pour danser, Biron.*

Heureux le fort d'un Garçon,
Ma Femme eft un vrai Demon ;
    La mutine,
    Me lutine,
    Nicolas ,
    J'en fuis las :
J'en ai par deffus la tête,
Dix pieds au-delà ,
Mais que faire à cela?

Nicolas.

Baillez-nous donc la fignifiance de ce que ça
veu dire ?

Thomas.

Je vians de trouver cheux nous un Billet,
qu'un Galant adreffe, fans doute, à ma femme
Il li demande un rendez-vous pendant le tumulte de la Fête , pour deschofes qui conçar-
nent leur Amour.

Nicolas.
Un rendez-vous à Madame Thomas !

Thomas.

A qui donc ? Colette & Matureine font trop
bian élevées , & ma jaloufie me baille un fûr
avartiffement; mais je fommes madrés, j'ons

mis le papier où il étoit, & j'ons pris l'habit
que vla, pour fuivre ma Pendarde, fans qu'alle en ait doutance.

A I R , je vous la gringole.

Alle veut foir & matin
Que l'on la cageole ;
Mais fi j'aparçois enfin
Qu'alle fasse la fole,
Je vous la grin , grin, grin , grin ,
Je vous la gringole.

N I C O L A S.

Oh ! ne faut pas en revenir à cet eftarmité là
not' Maître.

T H O M A S.

A I R , Baife-moi donc , me difoit Blaife.

Comme dit çartain Fifolofe ,
Morgué, la femme eft tout come une étofe,
Fort fujette à fe chifonner :
Pour la conferver , il en coute ,
On doit fouvant la houffiner ,
Crainte que le var ne fi boute.

N I C O L A S.

A I R , Tant de valeur, tant de charmes.

Ce Philofophe eft une bête ;
D'une femme, craignez les droits :
Si vous chargiais fon dos de bois ,
Alle en chargeroit votre tête.

B iv

THOMAS.

Tarare.

NICOLAS.

AIR, *Je gage de boire autant qu'un Suisse.*

On dit que la Leune eſt l'image
De la bonne amiquié du menage,
Entertenez en Mari ſage
Toujours votre amour dans ſon plein,
Sinon il arive du domage,
Et le Croiſſant ſuit le declin.

THOMAS.

Oh ! ſi c,eſt com'ça, not' amiquié ne tardit
guere à décliner : Quien, croi-moi, Nicolas,
ne te riſque point dans la choſe du mariage n'y
a pas pied là, autant vaut ſe jetter dans un prin-
cipice.

NICOLAS.

AIR, *Confiteor.*

Vous me ſurprenez, mais pourtant
Il faut bian vrament que ça plaiſe,
Puiſque l'on ſe réjouit tant.

THOMAS.

Le premier jour on eſt bien-aiſe,
Le ſecond on en fait ſemblant,
Et el troiſiéme on ſe repent.

NICOLAS.

AIR, *Nous autres bons Villageois.*
En ceſſant d'être Garçon,
D'où viant qu'à la joie on ſe livre,

THOMAS.

J'en ſçavons bien la raiſon ;
Car j'avons lû ça dans un livre ;
Qui dit que les Epoux nouveaux
Sont du naturel des Chevreaux
Qu'on voit danſer & tremouſſer,
Quand leur bois commence à pouſſer.

NICOLAS.

Je ne diſpute point là-deſſus, vous devez ſavoir ça mieux que moi.

THOMAS.

Par exemple, quand j'épouſis ma Femme, tout chacun diſoit que j'allions être contens comme des Rois : Mais au Diable ſoit le contentement qu'on nous envioit, la chance a bien tourné, ma foi.

NICOLAS.

Ne peut-on ſavoir de qui vous êtes jaloux ?

THOMAS.

D'un Eſprit, jarnigué.

NICOLAS.

D'un Eſprit !

THOMAS.

AIR, *Ici font venus en perfonnes, eh allons donc,*
jouez Violons.

Eune nuit ronflant à merveille,
Pouf, patatras, un bruit m'éveille;
J'entens ouvrir notre volet,
Je vois une Figure blanche,
Que je veux faifir par la manche,
Mais ça me donne un bon fouflet,
Et trois coups de manche à balet,
Et puis apèrs mainte gambade
Par la fenêtre, ça s'évade :
Ma Femme dit c'eft le Folet
Qui viant panfer notre Mulet,
Et l'air feul forme fa figure ;
Moi j'ai bian fenti, je te jure,
A ma joue, ainfi qu'à mon dos,
Que l'Efprit eft de chair & d'os.

NICOLAS.

Bon, c'eft queuque vifion.

THOMAS,

Oh quenani ! & j'ai foupçon que c'eft li qui
donne aujourd'hui rendez-vous à not' Femme;
mais, farpéjeu, fi je le trouve avec alle.

NICOLAS.

Quel parti prenrez-vous ?

THOMAS.

Je ne li dirons rian , mais je nous en pren-
rens à ma Femme , & je publirons par tout son
devargondage.

NICOLAS.

Vous serez bian vangé.

THOMAS.

Quien-toi là , & fais-moi signal , drés que tu
la veras sortir , jallons me poster plus loin.

AIR, *Morgué laisse-la Pierrot.*

Faut-il en homme sans cœur
Que jendure
Qu'on me fasse injure ?
Faut-il en homme sans cœur
Que jendure qu'on m'ôte l'honneur ? *(fin)*
Morgué si cette Volage
Se degage ,
Je ferai tapage ,
Je le publirai, je le dirai dans le Village.
Oui , je compte
L'accabler de honte ,
Tretous le sauront,
On ne peut trop li faire afront.
Faut-il en homme d'honneur , &c.

(jusqu'au mot fin)

SCENE VII.

THOMAS, NICOLAS,
Mde. THOMAS, *en homme.*

NICOLAS.

AH, ah, ah, qu'il eſt drole com'ça !
Mais quel eſt ce perſonnage qui ſort
de cheux nous ?

Mde. THOMAS.

AIR, *Le Gourdin, dindin, dindin.*

Oui, Thomas n'eſt qu'un franc vaurien,
Qui diſſipe tout mon bien ;
C'eſt un Jaloux qui murmure,
Et qui tant que le jour dure,
S'enyvre & charche avanture,
Lure, lure, lure, lure, lure,
J'ai, pour l'en punir, bon moyen,
Guereliguin, guerelinguin, guin, guere-
liguin, guin.

NICOLAS.

Ça ne ſent rien de bon pour not' Maître.

Mde. THOMAS.

AIR, *Charchez un autre Nicolas.*

Ah ! Nicolas, dis-moi de grace,
As-tu vû ton Maître Thomas ?
Je veux par tout suivre ses pas,
Instruis-moi de ce qui se passe.

NICOLAS.

Morgué, je ne vous connois pas,
Charchez un autre Nicolas.

Mde. THOMAS.

Tu ne reconnois point Madame Thomas.

NICOLAS.

Comment, c'est-ce vous, Maîtresse.

Mde. THOMAS.

Moi-même ; un Billet que je vians de ramas-
fer, m'aprend : qu'on donne aujourd'hui rendez-vous à mon Mari.

NICOLAS.

(*à part*) C'est peut-être le même Billet qu'il
a trouvé, (*haut*) êtes vous bian sure de ça,
l'adresse est elle à Maître Thomas ?

Mde. THOMAS.

Non, mais j'ai des soupçons trop bian fon-
dés, tu connois une certaine Avocate qui viant
d'ordinaire en cette saison prendre le Bain à S.
Cloud.

NICOLAS.

Je ne connois autre.

AIR, *Le Parlement eſt à Pontoiſe, ſur Loiſe.*

Alle trouve liau de la Seine.
Moin sſaine,
Toute autre part qu'ici,

Mde. THOMAS.

Alle ne veut que mon Mari,
Jamais d'autre au Bain ne la meine :
Eh, oui, oui,   Alle trouve liau de la Seine
Moins ſaine,
Toute autre part qu'ici.

AIR, *Il a la fin' Montre au gouſſet.*

Ce qui fait croître mon ſoupçon,
Thomas reviant à la maiſon,
Raportant pour ſa peine,
D'argent ſa poche pleine.

NICOLAS.

AIR, *On y va deux, on revient trois.*

Puiſqu'on li baille finance,
Pourquoi faire du fracas ?

Mde. THOMAS.

Oh ! tu ne ſais point, Nicolas,
Ce que j'en penſe ;
Mon mari ne m'aporte pas
Ce qu'il dépenſe.

NICOLAS.

AIR, *Vous y perdez vos pas, Nicolas.*

Mais de ce qui lui reste,
Du moins il vous fait part.

Mde. THOMAS.

Il m'en fait part ! eh zeste,
C'est pour le tiers & le quart,
Je n'en profite pas, Nicolas,
Nicolas je ne m'en sens pas.

AIR, *C'est pour le badinage.*

Jamais il ne sera
Qu'un dépensier volage ;
Du peu de bien qu'il a,
Il fait mauvais usage :
Est-ce pour son menage
Qu'il se ruine ainsi, nani,
C'est pour le badinage ?

NICOLAS.

Il ne faut pas non plus, Maîtresse, se met-
tre des chimeres dans la tête.

Mde. THOMAS.

Oh ! tu ne connois pas le Pellerin, il ne

montre pas ſes mauvaiſes magnieres à tout le
monde.

AIR, *Adieu, Voiſine.*

Pour moi ce n'eſt qu'un impoli,
Qui toujours chante game ,
Dans la pareſſe enſeveli,
C'eſt un yvrogne infâme ,
Qui met toute choſe en oubli ;
Juſqu'à ſa femme.

NICOLAS.

AIR, *Allons la voir à S. Cloud.*

Vous avez de la vartu ,
Mepriſez ſon inconſtance.
Mde. THOMAS.
Si jen avois moins ſais-tu
Que je prenrois patience.

NICOLAS.
Pardi , c'eſt avoir du guinon.

Mde. THOMAS.
Je n'ons un Mari que de nom ,
Et quand je me deſole .
Je n'ons rian qui m'en conſole.
NICOLAS.
Dame , c'eſt autre choſe.
Mde. THOMAS

Mde. THOMAS.

AIR, *La Bergere de nos Hameaux.*

Ce n'eft qu'aux Dames qu'il fied bian
D'avoir un Epoux de parade,
Nous, je n'avons pas ce moyen,
Et je ne font point d'efcapade :
     Mon chien de mari
     Eft de moi trop cheri ;
Je fuis bian de mon village,
     Moi qui n'en ons qu'un,
     Faut-il qu'il foit commun,
Comme à Paris c'eft l'ufage.

NICOLAS.

Je vous avouë que c'eft trifte.

Mde. THOMAS.

Je vais fous cet habit l'épier de fi prés, que
rien ne m'échapera, feconde-moi de ton côté.

AIR, *On voit dés le deuxieme.*

Va voir, je t'en conjure,
Où peut être Thomas,
Guette fi le parjure
Ne me fait point d'injure.

NICOLAS.

Laiffez faire, je vous en rendrons bon compte (*á part*) Allons plûtôt avartir Colette de ce
qui fe paffe. (*il fort.*)

SCENE VIII.

MADAME THOMAS.

MADAME THOMAS. (*continue l'air*)

DE bon cœur je m'aprête
A roffer les apas
De fa belle Conquête,
Je m'en fais une fête ;
S'il eft en tête à tête,
Je faurai l'en punir,
Thomas n'a qu'à fe bian tenir ;
J'ai ma vengence prête.
Hois, v'la une femme qui me regarde bian.

SCENE IX.

MADAME THOMAS, THOMAS.

THOMAS.

VOILA un Vivant que je vois roder
autour de de not' maifon , ne feroit-
ce point le Galant de not' Femme , fachons ça ?

THOMAS.

AIR, *Turlurette.*

Ici n'attendez-vous pas
La Femme à Maître Thomas,
C'eſt une franche Coquette,
Turlurette.

Mde. THOMAS.

AIR, *J'ai paſſé, rapaſſé par devant votre porte.*
Alte là, s'il vous plaît,
Votre audace eſt extrême,
C'eſt un autre moi-même,
J'en prenons l'interêt
Mieux que ſon Epoux même,
Je ſai ce qu'elle fait.

THOMAS (*à part*)

Ouf ! j'ai peine à me contenir.

Mde. THOMAS.

Mais répondez à votre tour, n'êtes vous pas
celle qui donne des rendez-vous à Thomas.

AIR, *Vîte, battez la retraite.*
N'avez-vous pas là ſur vos hanches
L'habit de Madame Thomas ?
Voila ſon corcet des Dimanches,
Morbleu, je ne nous trompons pas ;
C ij

Allons, Madame la Grisette,
Deshabillez-vous à l'instant,
Ratapata patapan,
Et battez-moi la retraite.

THOMAS.

Mais, mais, de quel droit, s'il vous plaît?

Mde. THOMAS.

De quel droit ? apernez que c'est moi qui
sommes Madame Thomas.

THOMAS.

Oh ! oh ! & nous Thomas : Que veut dire
ce déguisement là, not' Femme ?

Mde. THOMAS.

Que veut dire le votre, not' homme ?

THOMAS.

C'est donc ainsi qu'au dépens de mon honneur.

Mde THOMAS.

De votre honneur ! Est ce que vous avez
un honneur, Maître Thomas.

THOMAS.

Jarnigué, qu'est-ce que ça signifie encore?

Mde. THOMAS.

Que vous êtes un sot, avec vos chimeres.

THOMAS.

En v'la morgué, plus que je n'en demandions

Mde. THOMAS.

Il vous fied bian de soupçonner une Femme
comme moi ; tout le monde sait que je suis sage
extraordinairement.

THOMAS.

Oh ! oui ; extraordinairement.

Mde. THOMAS.

Allez, vous avez perdu l'esprit.

THOMAS.

A propos de ça , si je rencontrons vot' Esprit
familier à vous.

Mde. THOMAS.

Et moi votre Avocate.

AIR, *La mort pour le malheureux.*

Quoi ! toujours sur un soupçon
    Pris sans raison ,
Tu fera carillon
Hors de saison :
A quoi bon ces éclats !
Tu te chêmes , Thomas ;
Et pour un mal que tu n'a pas ;
Tandis qu'on voit en tous lieux
Tant de Messieux
Qui ne sont pas , ma foi,
Francs comme toi,
Et tous ces gens de bien
Le savent bien ,
Sans témoigner rien.

Je déplore mon malheur ;
Devois-je t'époufer, volage ?
A Paris un Procureur
Me vouloit en mariage,
J'aurois eu chaque jour
Nombreufe cour,
De Galans faits au tour,
Au lieu que je n'ons ici
Jamais que du fouci.

THOMAS.

Bon , bon, quoique Villageois,
          Je fuis Matois ,
De tout je m'aperçois,
          En tapinois ,
Vous voudriez , je crois,
Au mépris de mes droits ,
  Me traiter ainfi qu'un Bourgeois,
Pour moi c'eft trop de faveur,
          C'eft trop d'honneur ;
Je fis un homme vil ,
          Trop peu civil
Pour connoître le prix
          des Favoris ,
Comme on fait à Paris.

Mde. THOMAS.

C'eſt toi , c'eſt toi qui n'es qu'un franc Libartin .

Ah, ha, ha, quel chagrin !
Helas ! cruel , je paſſe tous les jours à gémir.
Fais , fais , fais-moi mourir ,
Si tu ne veux mieux agir.

THOMAS.

C'eſt toi.

Mde. THOMAS.

C'eſt toi qui n'es qu'un franc Libartin,
Ah , ah , ah , quel chagrin !

THOMAS.

Morgué , taiſez-vous.

Mde. THOMAS.

Tu n'es qu'un Jaloux.

THOMAS.

Morgué , filez doux.

Mde. THOMAS.

Qu'un vieux Loup garoux.

THOMAS.

Vous criez trop fort.

Mde. THOMAS.

Tu n'es qu'un butort.

THOMAS.

Voyons qui de nous a tort ;
Hier au ſoir.
Tu donnis un baiſer à Colinet.

Mde. THOMAS.

Non, esprit noir,
Non, c'étoit lui qui me le donnoit.

THOMAS.

Avec gros Guillot.....

Mde. THOMAS.

Hebien, qu'en est-ti ?

THOMAS.

Tu fus à Chaillot.

Mde. THOMAS.

Oh ! t'en a menti.

THOMAS.

J'en fus avarti.

Mde. THOMAS.

C'étoit à Passi ;
Peut-on m'accuser ainsi ?

AIR, *Ah ! Barnaba, ta Bequille est aimable.*

ENSEMBLE

De ce tracas,
Il est tems que je me venge ;
Ne puis-je pas
Agir, comme tu feras,
Change pour change,
N'y a rien là d'étrange,
Quand on se dérange.

Me

Mde. THOMAS.   THOMAS.
Mon mari Thomas.   Ma femme Thomas.
                Ah
        Quel fracas, &c.

SCENE X ET DERNIERE.

**NICOLAS , COLETTE , CLITANDRE.
MATURINE, THOMAS, Mde. THOMAS.**

NICOLAS , *se mettant vîte entre Thomas & sa
Femme.*

Qu'est ce qu'y a, qu'est-ce qu'y a not'
Maître com'vous gueulez.

THOMAS.

Comment eunne femme qui accepte un rendez-vous qu'un Galant li demande par un billet.

Mde. THOMAS.

Que voulez-vous dire, c'est bien pour vous
ce billet & le voici.

MATURINE.

Voyons, voyons, il n'est pour l'un ni pour
l'autre.

D

NICOLAS.

Non, car c'eſt pour Matureine, contes leus ça, Hé, hé, hé, rien n'eſt pû drôle.

MATURINE.

Vous vous trompez tous, il eſt pour Colette.

Mde. THOMAS.

Pour Colette ?

COLETTE, *s'avançant.*

Oui ma mere.

Mde. THOMAS.

Et qu'eſt-ce qui vous écrit ça.

CLITANDRE, *s'avançant.*

Moi, Madame Thomas, je voulois être in-ſtruit des ſentimens de Colette avant de vous la demander en mariage, j'eſpere que vous ne me la refuſerez ni l'un ni l'autre.

Mde. THOMAS.

Comment c'eſt vous Monſieur Clitandre, tout de bon vous voulez..... en verité vous nous faites trop d'honneur & de grand cœur je vous l'accorde.

THOMAS.

J'y conſens itou, j'aime mieux qu'on rechar-che ma fille que ma femme.

NICOLAS.

Et je n'y confens point moi, jarnigué qu'eu trahifon.

MATURINE.

Hé , hé . hé , tu ne trouves pas ça drole, Nicolas.

THOMAS.

Allons ma femme, puifque je n'ons eu qu'une fauffe alarme, racommodons nous.

Mde. THOMAS.

Volontiers.

THOMAS.

Dans le fond je vous ai toujours confideré com'une bonne femme.

Mde. THOMAS.

En mon particulier , je vous ai toujours regardé comme un bon homme.

MATURINE.

Qu'il n'en foit plus parlé, ne fongeons qu'à nous réjouir. *Elle fort.*

THOMAS, *emmenant fa femme.*

C'eft bian dit.

CLITANDER *à Nicolas qui refte ftupefait.*

Va je me fouviendrai du petit fervice que tu m'as rendu. *Il emmene Colette.*

NICOLAS.

Allons donc gros gauffeux, ventregué je
m'en vengerons & quand je le rencontrerons
feul à feul je veux bien que le Diable m'en-
leve fi je l'y ôtons mon Chapeau. Adieu par-
fide Colette.

Il fe retire en criant après Clitandre.

FIN.

www.ingramcontent.com/pod-product-compliance
Lightning Source LLC
LaVergne TN
LVHW011404170726
843501LV00006B/2003